走遍世界很简单

ZOUBIAN SHIJIE HENJIANDAN

新西兰大探秘

XINXILAN DATANMI

知识达人 编著

成都地图出版社

图书在版编目（CIP）数据

新西兰大探秘 / 知识达人编著 . — 成都 : 成都地图出版社 , 2017.1（2022.5 重印）

（走遍世界很简单）

ISBN 978-7-5557-0414-0

Ⅰ . ①新… Ⅱ . ①知… Ⅲ . ①新西兰—概况 Ⅳ . ① K961.2

中国版本图书馆 CIP 数据核字 (2016) 第 208202 号

走遍世界很简单——新西兰大探秘

责任编辑：	魏小奎
封面设计：	纸上魔方

出版发行：	成都地图出版社
地　　址：	成都市龙泉驿区建设路 2 号
邮政编码：	610100
电　　话：	028 - 84884826（营销部）
传　　真：	028 - 84884820

印　　刷：	三河市人民印务有限公司

（如发现印装质量问题，影响阅读，请与印刷厂商联系调换）

开　　本：	710mm×1000mm　1/16		
印　　张：	8	字　　数：	160 千字
版　　次：	2017 年 1 月第 1 版	印　　次：	2022 年 5 月第 5 次印刷
书　　号：	ISBN 978-7-5557-0414-0		
定　　价：	38.00 元		

前 言

美丽的大千世界带给我们无限精彩的同时，也让我们产生很多疑问：世界上到底有多少个国家？美国到底在什么地方？为什么奥地利有那么多知名的音乐家？为什么丹麦被称为"童话之乡"？……相信这些问题经常会萦绕在小读者的脑海中。

为了解答这些问题，我们精心编写了这套《走遍世界很简单》系列丛书，里面蕴含了世界各国丰富的自然、地理、历史以及人文等知识，充满了趣味性和可读性，力求让小读者掌握全面、准确的知识。

本系列丛书人物对话生动有趣，文字浅显易懂，并配有精美的插图，是一套能开拓孩子视野、帮助孩子增长知识的丛书。现在，就让我们打开这套丛书，开始奇特的环球旅行吧！

路易斯大叔

　　美国人，是位不折不扣的旅行家、探险家和地理学家，足迹遍布全世界。

多多

　　10岁的美国男孩，聪明、活泼好动、古灵精怪，对一切事物都充满好奇。

米娜

　　10岁的中国女孩，爸爸是美国人，妈妈是中国人，从小生活在中国，文静可爱，梦想多多。

目 录

目　录

引 言

　　"放假喽！放假喽！"刚刚放寒假的多多和米娜兴高采烈地冲进屋子，将书包扔在沙发上，并不断搓着自己已经冻得冰凉的双手。

　　"米娜，路易斯大叔昨晚打电话说今天几点到家？"上了一学期课的多

多，早已抑制不住对路易斯大叔的思念之情。其实，他更想念跟着路易斯大叔四处游玩探险的生活。

"晚上才能到呢！你说路易斯大叔是不是来接我们的呢？"米娜问道。

就在两个人正交谈的时候，门被打开了。

多多和米娜定睛一看，走进来的不是别人，正是路易斯大叔！

"路易斯大叔！""路易斯大叔你终于回来了！"两个小家伙开心得不得了的喊道。

"路易斯大叔，你是回来接我们的吗？"多多早就按捺不住想要出去探险的激动心情。

"这你都知道了？多多，你变得聪明了！"路易斯大叔笑逐颜开，但突然又变得非常严肃，"多多！米娜！立刻收拾行李，准备出发！"路易斯大叔像个老船长一样，对两个孩子下命令。

"是！路易斯船长！"两个孩子特别认真地配合着路易斯大叔，然后，嬉皮笑脸地问，"路易斯大叔，我们这次要去哪里呀？"

"新西兰！"路易斯大叔边说边挥了挥手中的机票，"路易斯大叔这次不是为了工作，而是为了丰富你们的假期生活哦！所以必须答应我，这次回来，下学期一定要学习更多有用的知识！"

多多和米娜听后，拍手叫

好，然后迅速回到自己的房间开始收拾行李，一边收拾，还一边开心地讨论。

"米娜，新西兰在地球的哪个位置啊？"

"新西兰是个岛屿国家，在太平洋的西南部呢。"

"新西兰人是不是说英语啊，米娜？"

"对呀，新西兰以英语作为官方语言，当然还有方言毛利语呢。"

"米娜，你知道新西兰的首都吗？"

"知道啊，是惠灵顿嘛！"

……

第二天清晨，阳光明媚，三个人背着行囊奔向机场，开始了他们的新西兰之旅。

第1章

奥克兰博物馆的奥秘

从上飞机的那一刻开始，多多就拿着一本关于新西兰的旅游杂志翻看个不停，一边看还一边给米娜讲解，讲到高兴时，两人还会开心地讨论一下。

"在新西兰，奥克兰是面积最大的城市啊，但新西兰为什么不把它作为首都呢？"多多看着看着，又提出了问题。

"第一大城市就必须是首都吗？"米娜又反问多多。

一旁看热闹的路易斯大叔见状，笑眯眯地解释起来："历史上，新西兰的第一任总督名叫威廉·霍布森，他曾把奥克兰定为首都。由于奥克兰在新西兰北岛的

北方，距离南岛实在是太遥远，交通也不方便，经过多次商议后，首都定在了惠灵顿。"

"噢，原来是这样啊，看来，地理位置也是评价一个城市的重要元素呢！"多多的疑问终于解开了。

"但无论它是不是首都，都不能忽视它的重要性，和它给人们带来的旅游探险的快乐。"路易斯大叔边说边拍了拍多多的小脑袋。

飞机终于落地了，米娜和多多刚下飞机就嚷着一定要先去博物馆看一看，理由就是他们觉得博物馆是个神圣的地方。

路易斯大叔看到两个小家伙这么积极，便问："既然想去，那你们对奥克兰博物馆了解多少呀？"

"在奥克兰博物馆里，我们可以欣赏到新西兰无比灿烂的历史和文化。"米娜抢先说。

只见多多着急地翻着手中的旅游杂志，终于找到了那一页，大声

地朗读了起来："位于古老火山边缘的奥克兰中央公园中心地带的奥克兰博物馆收藏着大量文物。这座博物馆的地势比较高，是一座综合性的博物馆，具有厚重的哥特式建筑特点。馆内陈设品共有3层，十分丰富。"

说话的同时，一行三人已经踏上了去往奥克兰博物馆的路，转眼间，他们就来到了博物馆前。

"这个房子真好看啊！"米娜仰着小脑袋，忍不住赞叹着。

"的确是非常好看的建筑，我们眼前这座坐落于奥克兰中央公园的哥特式建筑，就是奥克兰博物馆，给人厚重之感。"路易斯大叔顺着米娜的话接着说，"这座博物馆，既代表着新西兰历史，又代表着毛利人的历史，这里还是一个自然博物馆和战争纪念馆。要了解新西兰的历史和自然，缅怀为国献身的先烈，这里便是最好的去处。"

"那这里除了可以参观，还能有其他活动吗？"多多不会放过任何一个从头脑中闪过的问题。

　　"博物馆每天有几场毛利歌舞表演，这是收费的。每年的夏天，博物馆便会举办音乐会等各种文艺活动，而且从不向游人与观众收费。馆内为参观者提供了许多方便，如设有咖啡吧和礼品店，参观者可以在那里休息，小酌和购买纪念品。"路易斯大叔很耐心地给多多讲解着。

　　走进博物馆后，多多和米娜被眼前的众多陈设吸引了，拽着路易斯大叔奔向自己感兴趣的展厅。

　　"这第一层，以展示原住民毛利人的历史为主。"路易斯大叔说道。

　　在经过复原后的原土著民族的集会场中，一艘长约25米、用于战斗的独木舟引起了多多的注意。而米娜则将视线集中在了毛利人独特的民族手工艺品以及毛利人日用品展览上了。

　　"第二层呢，第三层是什么？"米娜问道。

　　"第三层是以有关自然科学展览为中心的，有各种动植物资料及标

本展。"一向喜欢自然科学的多多听后，赶紧拉着米娜跑到了第二层。

"那是什么？！"米娜指着一具遗骨又害怕又激动地脱口而出。

"那是恐鸟的遗骨。"

"恐鸟？"多多也被这具遗骨吸引了过去，"恐鸟是什么？"

"恐鸟是历史上生活在新西兰的体型最巨大的鸟，说它是鸟，却不能飞行。"路易斯大叔解释道，"在300多年以前，这种鸟可以称得上是世界上第一巨鸟。它的上肢已经退化而不能飞翔。恐鸟的下肢粗短发达，善于奔跑，但因庞大的身躯过重，使得它的奔跑能力远不及鸵鸟。"

　　看着眼前的陈列，多多和米娜又兴奋又震惊，接着，他们又参观了陈设着两次大战中使用过的武器的第三层。还没等欣赏完所有的陈列品，多多和米娜就已经嚷着走不动了，路易斯大叔只好先带着他们休息一下，再进行下一步安排。

　　这一天的博物馆游，不仅让两个孩子开阔了视野，了解了新西兰的历史文化，同时也初步了解了新西兰的地理知识。

奥克兰中央公园

在新西兰第一大城市奥克兰的市中心，有一个非常美丽的奥克兰中央公园，占地约800公顷，它的右侧就是皇后街。在这里，人们可以享受到非常宁静的时光。中国有一首歌可以恰当地描写这里的场景："晚风轻拂澎湖湾，白浪逐沙滩，没有椰林缀斜阳，只是一片海蓝蓝……有我许多的童年幻想，阳光沙滩海浪仙人掌……"时不时地，还传来皇后街的花香，这里美丽怡人，让人不禁忘却了疲惫和劳累。

第2章

放"垂钓线"的萤火虫

　　吃过早饭，米娜和多多缠着正在写游记的路易斯大叔，嚷着要探险。路易斯大叔被两个小家伙嚷得再也写不下去了，索性关了电脑，背起背包，带着他们出了门。

　　"今天，我带你们去看一个非常奇特的景观！"路易斯大叔故作神秘地说着。车子渐渐驶向目的地，多多和米娜都满怀好奇地期待着将要到来的奇特景观。

"到了。这里是蒂安娜，我们从这里坐船到对岸，就能观赏到新西兰奇特的天然景观，那就是赫赫有名的维多摩萤火虫洞！"路易斯大叔摘下太阳镜，示意两个孩子跟随着他一起开始今天的奇妙之旅！

"原来我们要去的地方是维多摩萤火虫洞啊！昨晚在电视里看到过，说这个洞穴形成于1万多年前呢！"米娜一边回忆着电视中的内容，一边四处看着周围的景象。

旁边一位留着大胡子的游客听到米娜的话后，说道："你说得没错。这个洞穴的山顶上，本来有一个小小的被冰封的湖泊，后来随着气候逐渐变暖，冰雪融化，流入下面的岩层裂缝中，积年累月，便冲蚀成一个石灰质的洞穴。因生成年代不久，洞穴内仍有几柱水流在不停地冲刷岩隙，使洞穴继续扩大，人们便称之为活性岩洞。"

从蒂安娜乘船30分钟就到了对岸，在靠近洞穴时，仍然得坐船进入洞内，之后再步行上桥，就可以欣赏到如满天星斗的萤火虫洞穴奇观了。

　　路易斯大叔带着两个孩子没一会儿就到了洞口。

　　"咦，这是什么东西？"多多好似看到了什么奇怪的东西一般，蹲在地上仔细地研究起来。

　　"这应该就是黑石，是被水流冲积后形成的。不可以随便拿来玩的啊，多多！"路易斯大叔看了看那些可爱的黑石，不忘告知多多游玩时千万不要轻举妄动。

"是呀多多，我们快进去吧，这洞中可是有居民在欢迎我们呢！"米娜感觉自己就像爱丽丝掉进了仙境一般，急切地想要探寻洞中的奥秘。

他们沿着洞中石阶而下，随后登上河边的小船，渐渐进入了伸手不见五指的黑暗中。小船继续前进着，却只听得到轻轻的水声。一行人发现前面不远处的水面有光影摇动，侧面岩石上有一片绿白色微光。微光下是无数条长短不一的半透明细丝，细丝从洞顶倾泻而下，非常美丽。每条丝上有许多"水滴"，极像晶莹剔透的水晶珠帘。

"好美啊，这是植物还是动物啊？"米娜指着那些泛着微光的细丝，发出疑问。

"这是萤火虫，它是一种会发光的昆虫。在幼虫期，它们还会分

泌出一种有黏液的细丝，这种细丝看上去像带着水珠一样，闪闪发光。你们看，这些看上去像有水滴的细丝，就是它们分泌出来的呢。"路易斯大叔讲解着。

"这样它们就不怕在黑暗中生活了是吗？"多多眨着天真的眼睛问。

"当然不是了，它们分泌出发光的细丝，是用来捕捉洞内昆虫的。那些笨笨的家伙，看见光亮，就拼命跑来，结果撞到丝上就再也动不了了。那些萤火虫的孩子们便爬过来美美地享受一顿大餐。"

"啊，原来这洞内也处处危机四伏，充满杀机。这些美丽得像水晶珠串一样的荧光线，竟然是诱惑敌人的诱饵啊。"米娜恍然大悟地说道。

多多兴奋地拍着手，并试图伸手去摸石壁。

"多多！不能摸！"路易斯大叔顿时喊道。多多乖乖地缩回了手，并问道："为什么啊？"

路易斯大叔解释说："如果你用手去触摸这些钟乳石及石笋，不仅会让它们失去美丽的色泽，还会破坏它们的结构，因为它们太脆弱

了。所以，我们在观赏时，千万不能用手去触摸，否则，萤火虫的生态环境就被破坏了。"

两个孩子听完解释，更加觉得萤火虫神奇。米娜问："路易斯大叔，这些萤火虫宝宝多长时间才能长大啊？"

"新西兰的萤火虫寿命很短，只有一年。这些萤火虫在幼年时会发光吐丝，那些荧光随着年龄增大而变得越来越亮。它们只要经过6~9个月就长大成虫了。"路易斯大叔说完，看了看米娜和多多，接着说，"但它们真的好奇怪啊，这些长大了的萤火虫，竟然没有嘴巴，不吃饭，也不会飞。"

"那成虫不吃东西也不会飞，它们每天都做什么啊？"多多感到非常惊奇。

　　"它们在这一刻要做的事情就是交配产卵，直到筋疲力尽。产卵2～3天后，它们会用尽一生的余力向幼虫的丝网撞去，将自己的身体变为孩子们的一顿晚餐。"路易斯大叔继续说，"这里的萤火虫有特别与众不同的地方，就是它们只能在没有光线、没有声音的条件苛刻的环境下生存，否则，它们便会死亡。现在，除了新西兰和澳大利亚外，其他地方都没有发现这种萤火虫。"

"没想到，小小的萤火虫，竟然是这样珍奇的小动物啊！"米娜感慨着，继续欣赏着这美丽的景象。同时，心里暗暗下定决心，等回到家里，一定要将这些可爱、美丽、善良的珍奇萤火虫的故事分享给身边的小伙伴们。

　　就这样，路易斯带着两个小家伙，在萤火虫洞中度过了美好的时光，并且认识了新朋友。

石笋与钟乳石

在溶洞中，我们常常可以看到锥形的物体直立在洞底，这些可爱的小东西们，成长过程可是很复杂又不容易的呢！含有碳酸钙的水顺着洞顶的裂缝，慢慢地滴到洞底，在这个过程中，水分会慢慢蒸发，洞穴中的水溶解二氧化碳量减少，因此，钙质便会从中析出并沉积在了洞底。再经过积年累月，这些析出的钙质自下而上地逐渐生长，变成了石笋。

钟乳石和石笋一样，也是在特定的环境和地质条件中形成的，钟乳石的主要成分是碳酸钙。别看它们是不起眼的石头，但是在古玩艺术家和了解钟乳石的人眼中，它们的价值是不可小觑的！因为它们生长时间长达上万年，甚至几十万年，所以对于地质考察有着不可估量的价值。

第3章

死火山伊甸山

奥克兰处于火山群地带，市内的火山锥比比皆是，市里有不少公园就是由死火山开辟出来的，如著名的伊甸山公园就是其中之一。伊甸山公园海拔220米，是奥克兰海拔最高的地方，站在这里，可以鸟瞰奥克兰的全景。

路易斯大叔将奥克兰作为新西兰之旅的第一站城市，不仅因为它是新西兰第一大城市，也因为在这里随处可见火山锥。

　　来到奥克兰的第三天，路易斯大叔决定带着两个孩子去看看这个著名的有代表性的伊甸山。火山对于两个孩子来说，是一件非常神奇的事。尤其是多多，听说要去伊甸山开心得不得了，清晨早早就起床了。吃过早餐后，多多第一个穿戴整齐站在门口，等待出发！

　　伊甸山位于新西兰的奥克兰市中心以南约5千米处，远远望去，锥形的火山口已经被绿油油的青草完全覆盖了，形成一个圆圆的大坑。

"路易斯大叔，我们到火山上去会不会不安全啊？"米娜担心地问。

"不会的，米娜，伊甸山是一座死火山，不会爆发岩浆，所以你不必担心。"已经对火山有所了解的多多，今天也充当起了小讲师。

"多多，为什么死火山就安全呢？"米娜继续追问。

"这……"多多一下解释不明白了，只能去求助于路易斯大叔。

"死火山之前曾经发生过火山爆发或者说喷发过岩浆，但自从有了人类之后，它们就再也没有活动过。死火山因为长期处于安静状态，久而久之，它们就再也没有喷发岩浆的这种活动能力了。这些火山虽然仍然保持着完整的火山形态，但由于它们早已失去了活动能力，所以，我们不必担心。"路易斯大叔解释道。没多长时间，他们便到达了终点。

多多跑下了车，看到路边有个牌子，于是大声地朗读起来："伊甸山从形成到现在已经有2～3万年了，海拔196米……"

还没等路易斯读完，米娜就忍不住拿起了书包里的杂志，一并读起来："火山爆发的时候喷出来的岩浆，能将近6平方千米的土地覆盖，这个面积相当于4800个奥林匹克标准的泳池呢！"

看到两个小家伙争先恐后地当起了小导游，路易斯大叔会心一笑："孩子们，山顶有个 望台，从山顶 望台能360度眺望奥克兰城市风光呢。我们要不要去山顶看看呢？"

两个孩子美滋滋地跟着路易斯大叔前进。登上山顶后，他们看到了一个碗状的火山口，有50米深，因此毛利人把它称作"山神的饭碗"。

路易斯大叔说道："在伊甸山的斜坡上曾经居住着毛利人。12世纪他们在伊甸山上的要塞遗址，现在还能看到呢！"

"真的吗？那我们快去看看吧！"多多特别想去看看。

"可以，我们简单地看一下吧，今天我们要早点回去，因为路易斯大叔有个工作要做，不能耽误了啊。"路易斯大叔也不忍心破坏两个孩子的积极性。

"好啊大叔，那我们今天就早点回去吧。"米娜拽了拽多多的衣袖，非常懂事地说。

第4章

天空塔的高大

"咱们今天休闲一下，在市里随便逛一逛吧！"米娜早晨起床就开始耍赖了。路易斯大叔同意了："好啊，那我们今天就在市里随便逛逛吧，顺便去看看天空塔！"

"天空塔？"米娜和多多异口同声地问道，好像很惊讶的样子。"这是个什么塔啊？"多多继续问。

"在奥克兰市中心的维多利亚街及联邦街的交界处，有一座高328米的高塔，那就是著名的天空塔。

这座塔是南半球最高结构的建筑。它在全球独立式观光塔中名列第13位，也是世界高塔联盟的成员之一。天空塔具有抵御狂风和地震的作用，200千米每小时的风速以及40千米外的里氏7级的地震对它都产生不了影响。这座天空塔不仅是一座观光塔，还是一座电台广播塔呢！"路易斯大叔一边给两个孩子做饭，一边和两个孩子聊天。

吃过早饭后，三个人简单地收拾了一下，就出发了。

天空塔就矗立在维多利亚街和霍布森街之间。天空塔始建于1996

年，于1997年的3月3日正式完工，比原定的落成时间早了半年。

塔上190米处有多层观景台和高倍望远镜，可以方便游客观赏奥克兰的全景，游客还可鼓起勇气站在玻璃地板上观赏足下的风景——低头望去，繁华的市区街道尽在脚下。

主观景台内设有电脑，游客可使用它们检索在观景台看到的景点的资料。天空塔内有一个旋转餐厅，这里可以欣赏到奥克兰的全景，如果是晴天，可以看到方圆82千米的地方。此外，还有用多种语言进行的广播服务和交互式科技设备等。三个人没用多久就到了天空塔，站在塔下，米娜和多多顿时感觉自己十分渺小。"好高大啊！"多多发出感慨。

"走啊，我们去坐电梯。"米娜已经着急要进去看看。

　　"天空塔内部共有3部高速电梯，时速可达18千米，都是透明玻璃的，每15分钟一次，每一次可载客255人。高速电梯以时速18千米的速度上升，在电梯上升40秒后，你就能像天使一样俯视整个奥克兰市了。"路易斯大叔在进电梯前，这样对米娜和多多说。

　　"哇，好快啊！这要是爬楼梯的话得多久啊？！"多多惊讶地感叹道。

　　"如果爬楼梯，也是一次体力与毅力的挑战啊。这里曾经举办过爬楼梯的竞赛活动，有人仅以5分17秒的时间就爬上了1000多个阶梯，这个记录着实惊人。"

"哇啊！"这下米娜和多多两个人一起惊讶了，他们简直不敢想象，竟然会有爬楼梯速度这么快的人！

"我们还是坐电梯吧！"多多愣了两秒钟，赶紧走到电梯门口。

三个人坐着时速18千米的电梯上升到了天空塔上面，果真可以像天使一样俯视整个奥克兰市了！

"孩子们，我问你们几个问题吧，来之前我说过，这里不仅用于观光，还是一座电台广播塔。那你们知不知道到底什么是广播呢？"

多多和米娜相互看了看，然后多多没有一点儿自信地带着疑问回答："通过无线电波传送声音信号？"米娜则是眨着眼睛回答不上来。

路易斯大叔对多多竖了竖大拇指，说："广播是一种新闻传播工具，有无线广播和有线广播两种，无线广播是通过无线电波传送节目的，有线广播是通过导线传送节目的。"

"哦，原来是这样啊，这下记住了！"米娜若有所思地说着。随后，路易斯大叔带着两个孩子参观了天空塔，然后带他俩饱餐了一顿，每人买了好多小礼物。

开开心心的一天，就在欢乐中度过了。"路易斯大叔，是不是明天就要去罗托鲁瓦了啊？"多多一边吃着零食，一边嘟囔着嘴问。

"是呀，明天我们就要离开奥克来，飞去罗托鲁瓦了！"路易斯大叔说。

"今晚一定要睡个好觉，明天肯定会有更有意思的风景呢……"

世界高塔联盟

　　世界高塔联盟是在1989年成立的，在澳大利亚墨尔本的里亚尔托塔设立了总部。联盟是以促进联盟中各成员之间相互分享管理经验为目的，并通过这一联盟来推广观光。位于北京市的中央广播电视塔、上海市的东方明珠电视塔、哈尔滨市的龙塔以及天津市的天津广播电视塔，还有澳门特别行政区的澳门旅游塔等等，都是世界高塔联盟中的成员。

第5章

彩虹泉公园

　　今天早上阳光明媚，路易斯大叔带领着多多和米娜开始他们新西兰之旅的第二站——罗托鲁瓦。罗托鲁瓦是新西兰著名的地热观光名城，在全球享有胜誉，它是南半球最著名的泥火山和温泉区。

"路易斯大叔，你闻没闻到什么奇怪的味道？"刚刚踏上这座城市没多久，多多就开始抱怨了。

路易斯大叔也学着多多吸鼻子的样子闻了闻："你说的应该是硫磺的气味吧。罗托鲁瓦被称为'火山上的城市'，因为它坐落在火山多发区。在这里，还有数不胜数的热泉及泥浆池，到处是腾腾的蒸汽、奔流的泥浆！"

"原来是这样啊，怪不得有这么大的味道呢。"多多再一次吸了吸鼻子。

"不过，这里还有新西兰久负盛名的田园风光呢。"路易斯大叔生怕多多会被这硫磺的味道吓跑，赶紧说点多多感兴趣的话。没想到，还

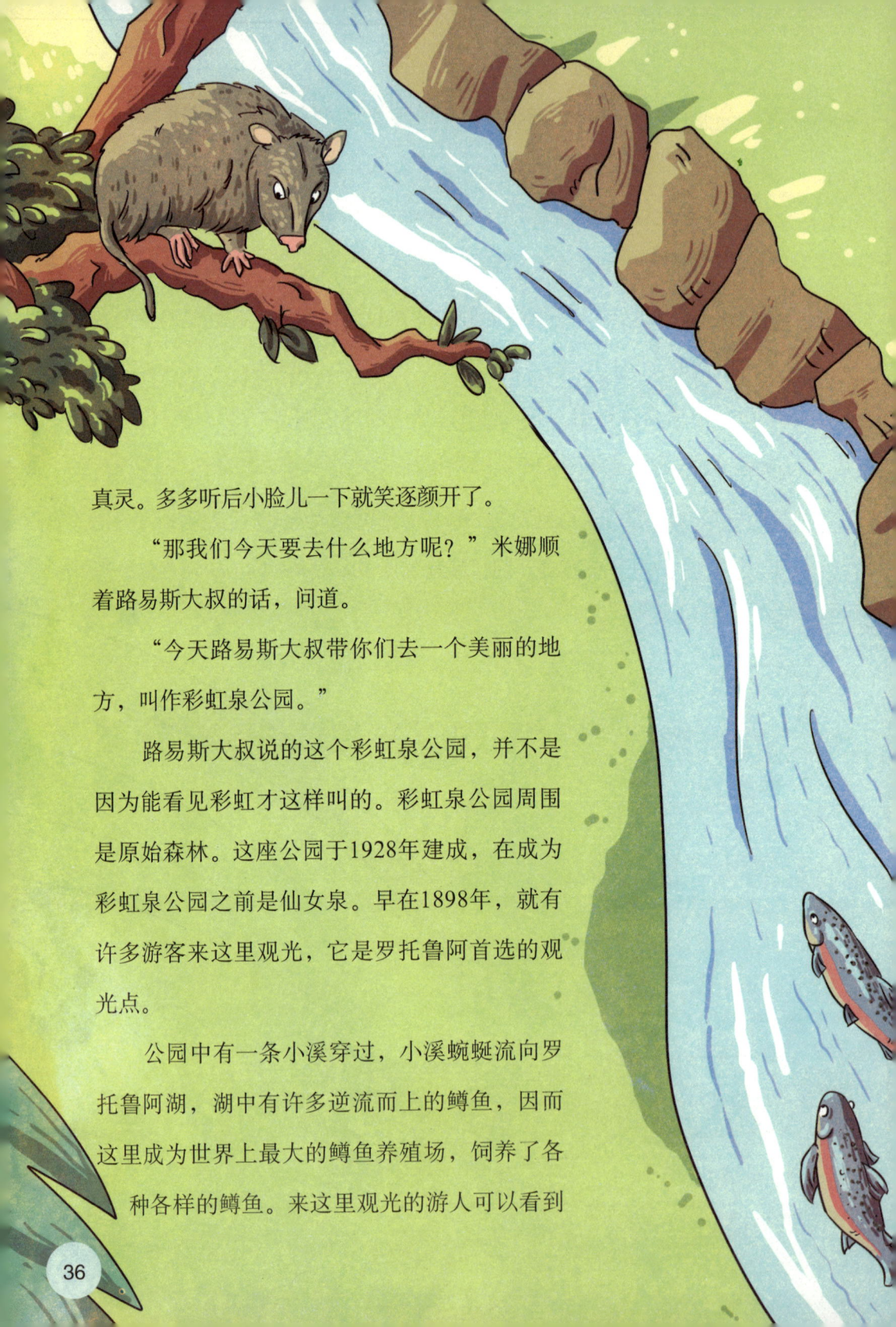

真灵。多多听后小脸儿一下就笑逐颜开了。

"那我们今天要去什么地方呢？"米娜顺着路易斯大叔的话，问道。

"今天路易斯大叔带你们去一个美丽的地方，叫作彩虹泉公园。"

路易斯大叔说的这个彩虹泉公园，并不是因为能看见彩虹才这样叫的。彩虹泉公园周围是原始森林。这座公园于1928年建成，在成为彩虹泉公园之前是仙女泉。早在1898年，就有许多游客来这里观光，它是罗托鲁阿首选的观光点。

公园中有一条小溪穿过，小溪蜿蜒流向罗托鲁阿湖，湖中有许多逆流而上的鳟鱼，因而这里成为世界上最大的鳟鱼养殖场，饲养了各种各样的鳟鱼。来这里观光的游人可以看到鳟鱼最自然最原始的生活状态。此外，公园里还有很多稀有动物。

"路易斯大叔，你快来看，这是什么动物？"米娜指着那个长着尖嘴、大眼睛的动物问路易斯大叔。

"看看那边有介绍吧，应该是负鼠！"路易斯大叔回答。

"路易斯大叔，在这儿呢。新西兰的夜行动物负鼠。"多多大声喊道。

"果然是负鼠！负鼠有温顺的性格，喜欢夜间外出活动，食

物以昆虫、蜗牛等小型无脊椎动物为主，有时也吃一些植物。"路易斯大叔也只是在书本上看到过关于负鼠的介绍，今天总算是见着了。

"路易斯大叔，它们也像老鼠一样生活吗？"米娜好奇地问道。

"负鼠常喜欢在树上生活。它们行动特别小心，一般是先用后脚挂住树枝，等自己站稳之后再去思考下一步该怎么做。如果发现树下有敌人，它们不会马上逃走，而是用前肢将树枝牢牢抱住，并张大两只眼睛，紧紧盯着树下敌人的一举一动，然后再思考对付敌人的办法。"路易斯大叔正眉飞色舞地说着，突然看见那只负鼠一动不动地站在那里。

"路易斯大叔，它怎么了？怎么不动了呢？"多多焦急地问路易斯大叔。

"别担心，这就是负鼠独特的对付敌人的方

法——装死！如果它们在遭遇不测，或者遇到突然的袭击时，便会用这种方法来摆脱险境，这样，它们的性命就保住了。因为这个特点，负鼠还被称作'骗子'，其实是有些冤枉的。"路易斯大叔安抚着两个孩子。

这里还有按照奇异鸟生活环境而建的奇异鸟展览馆。展馆内灯光调得很暗，大家隔着玻璃在仿真环境中寻找目标。

"哟，看到了！"

"嘘，小声点！"

在米娜和多多眼前，这位被誉为"国鸟"的明星，长得并没有多好看，它缩着脑袋，嘴巴长长的，却藏进怀里；它不喜欢光，也不喜欢人，更怕声响；它不会飞，因为翅膀已经退化；它的视力很微弱，因而生存能力极差，目前已到了濒临绝种的边缘。这就是新西兰的国

鸟——几维鸟。

新西兰把几维鸟视为国家的象征，当地土著人对它更是情有独钟。新西兰的原住民以"kiwi"自称，现在也有很多当地的白人也这样称呼自己。

有一点令人不解的是，新西兰给人们介绍了这么多的鳟鱼，可在彩虹餐厅、中国餐馆、西餐馆，甚至超级市场，都看不到它的身影。原来，新西兰的法律条文上明确规定，买卖鳟鱼是犯法的。如果想吃鳟鱼，只能自己去钓。

于是路易斯大叔带领着两个孩子开始了他们的钓鱼活动。在等鱼上钩的时光中，他们有时低头看着湖面，有时又举目云天，不知不觉间，灿烂的晚霞铺满了天空。那朵朵红云变幻着色彩，橘红、金黄、银灰，天空五彩缤

纷，湖面波光粼粼，瑰丽奇异！

正当米娜和多多陶醉在这其中时，路易斯大叔的鱼上钩了，路易斯大叔握着鱼竿上的转轮好不容易收完线，用鱼网把还在挣扎的鱼捞上船。

其中有一条尤其美丽，经询问才知道，这是条彩虹鳟鱼。通过这次活动，米娜和多多都深深体会到，鳟鱼不但美丽，而且美味，甚至连"彩虹"这个名字都充满诗意，这让两个小家伙，甚至包括路易斯大叔都念念不忘。

从彩虹泉公园通过彩虹隧道前往彩虹泉农场只需4分钟，彩虹泉农场有剪羊毛秀、牧羊犬秀以及现场挤牛奶、制奶油等多项表演，期间还会邀请观众参加活动。

几维鸟与彩虹鳟鱼

几维鸟，又叫作鹬鸵，因为叫声似"几维"而得名，新西兰人将其作为国鸟，视为自己民族的象征。有人又把它叫作"无翼鸟"，因为它们的翅膀已完全退化，只能看到一点翅骨的痕迹。它们的嗅觉非常灵敏，因为鼻孔长在喙部的最尖端，它们可以在距离地面7英寸之下的地方找到食物。几维鸟的主要食物是昆虫等无脊椎动物、植物叶子等，它们白天基本上不离开洞穴，到了晚上才出来寻找食物。雌性的几维鸟，要一两年才产一次蛋，每次产出一两枚左右。

在新西兰的湖泊河流中，常常可以看到一种非常好看的鱼，它们有着优美匀称的身材，身体的一侧有一条彩虹一样的痕迹，特别清晰，所以被人称为彩虹鳟鱼。这种鱼对水温的要求非常苛刻，对生存条件的要求非常高，是一种非常娇贵的鱼种。

第6章

爱歌顿牧场

　　清晨，依然沉浸在自己甜美睡梦中的多多和米娜，忽然被路易斯大叔的喊叫声给吵醒了。他们睁开惺忪的睡眼，看到眼前的路易斯大叔早已穿戴整齐，眯着眼睛笑个不停。

　　"孩子们，快起床准备出发了！"路易斯大叔依然眯着眼睛笑。

多多一听见"出发"二字，立刻精神起来，边穿衣服边问："路易斯大叔，我们今天要去哪里啊？"

路易斯大叔说："我先给你们讲一个故事吧。讲完后你们就知道去哪里了。"

伴随着路易斯大叔的故事，他们踏上了今天的旅程。

"在1980年，新西兰的一个农场发生了一场大火，原本一片生机盎然的农场几乎全部被烧光了，但是却有一位牧民仍在农场附近的山坡上挥动着羊毛剪，继续进行当地的传统表演：剪羊毛。从此，剪羊毛不仅仅是农场的传统表演了，也成为了新西兰的一个特色。这个农场的名字就叫爱歌顿皇家牧场。"

路易斯大叔讲完故事看看两个小家伙，一个歪着脑袋，一个瞪着眼睛。多多眨了眨眼睛问："那爱歌顿牧场现在是什么样子呢？好想去看看啊！"米娜也抬起了小脑袋，频繁点头。

　　路易斯大叔哈哈一笑："这就是我们今天的目的地啊，孩子们！爱歌顿牧场是一个原生态牧场，它于1971年建立，是一家五星级牧场，具有新西兰的独特传统风味，现在它已成为新西兰著名景点之一了。爱歌顿牧场有个举世闻名的互动娱乐节目，那就是'爱歌顿绵羊秀'。来到爱歌顿牧场的每位游客都绝不会错过参加这个节目的机会。节目中，除了有新西兰最受欢迎的绵羊品种展示外，还有牧羊犬表演、剪羊毛、挤牛奶等各种活动。如果你们

有兴趣的话，还可以去喂一喂小羊羔呢。"

"我想起来了，来新西兰之前在杂志上看到过一个能剪羊毛的地方，杂志上说在那里不仅可以看到传统表演，还能体会地道的农场生活，说的就是这个爱歌顿牧场吧！爱歌顿牧场，位于……位于……"多多介绍了一半，却想不起来爱歌顿牧场所在的城市名字了，于是扭头去看路易斯大叔。

路易斯大叔说："位于罗托鲁瓦。在爱歌顿牧场，树木草地到处都是，白色的绵羊穿梭于草地间。放眼望去，满目苍翠，蓝蓝的天空和悠悠的白云仿佛就在头顶。"

说话间，他们的车已经到了爱歌顿皇家牧场。多多和米娜立即冲下车向前跑去。

"在爱歌顿牧场每日会呈现3场精彩纷呈的绵羊表演秀。表演时间分别为早上9：30，11：00和下午2：30，每场时间为一小时。"路易斯大叔一边追他们一边说。

米娜看看手表，现在是9：20。于是路易斯大叔准备好相机，带领着多多和米娜奔向了秀场。

表演秀很快就开始了。表演秀的主持一般由当地的剪羊毛高手充

当。选择主持人的首要条件是技术娴熟、口齿伶俐，幽默风趣也是必不可少的。只见19只绵羊依次登台，它们可不是普通的绵羊呢，而是冠军级别的。每只可爱的绵羊都有自己的名字。主持人分别介绍这些品种优良的绵羊的特色，并当场示范剪羊毛，同时进行绵羊拍卖。

牧羊犬"精灵眼"和"亨得威"的精彩表演加上主持人幽默的解说词让多多和米娜捧腹大笑。主持人邀请幸运观众上台亲手挤牛奶和进行喂小羊喝羊奶竞赛，把整场表演推上了高潮。

这让喜欢绵羊的米娜开心极了，她极力表现以博得主持人的注意，最终成功被邀请到台上参加亲手挤牛奶和喂小羊的竞赛活动。

爱歌顿牧场的表演秀寓教于乐，这让多多和米娜都感到既高兴又轻松。看完表演秀，他们继续参观牧场。

"多多，你看前面是什么？"米娜看着远处一片光秃秃的枝桠，惊奇地问多多。多多顺着米娜所指的方向看过去，发现了一片和别处不一样的景象，皱着眉摇了摇头。

路易斯大叔发现了两个小家伙的疑问，朝同一个方向看了看说："那是一个只剩下葡萄架的葡萄园。"

“葡萄架！那葡萄的生长季节是什么时候呢？”多多眨眨眼问道。

“葡萄属藤本植物，秋季落叶。很早以前，人类就开始栽培葡萄，它的种植面积极广泛，产量也很高。葡萄的生长对地形、土壤、气候等有一定的要求，并且在不同的生长时期还会受温度的影响。葡萄一般在春季发芽长叶，叶子呈不规则的五角形，藤很长，藤上有须，夏季成熟。新西兰位于地球的南半球，南半球的气候都比较适合种植酿酒葡萄，但由于新西兰是海岛型多雨气候，这就造成新西兰温度较低，这与北半球欧洲的大陆型气候极不相同。新西兰与澳洲相隔约有1600多千米，整座岛上处处绿草如茵，适合发展畜牧业，但近30

年间，新西兰发展了新兴的农业，那就是以葡萄耕种为主的农业。" 路易斯大叔详细而认真地给两个小家伙讲解了有关葡萄的知识。

"原来是这样啊，正因为我们来的时候不是葡萄成熟的季节，所以只剩下葡萄架了。"米娜看着光秃秃的葡萄架说道。

"我刚刚在那边听到一个导游说，这里的葡萄还是从中国引进的呢，指的应该就是它们吧？"多多用手指了指葡萄架问路易斯大叔。

路易斯大叔点点头，拿起相机，将这些光秃秃的葡萄架拍了下来。

在这里，路易斯大叔还带着多多和米娜品尝了牧场酿制的100%纯天然蜂蜜，并亲手喂红鹿、梅花鹿、肉牛、乳牛、鸵鸟、驼羊和可爱的小绵羊……

这样快乐的一天就在这美丽的爱歌顿皇家牧场度过了，当走出农场的时候，两个孩子还依然沉浸在欢乐之中，他们说真想在这样一个美丽的牧场中，剪羊毛、挤牛奶，做一个快乐的牧羊人！

毛利人

毛利人是新西兰的原住民，他们的语言是毛利语。毛利人的艺术气息特别浓厚，他们天生对歌舞、美术等艺术有着独特的理解，毛利人的艺术处处散发着毛利文化的气息。毛利人比较擅长木雕和石雕。当地最为有名的雕像是提基神像，是雕刻在一块新西兰的绿石上的。毛利文化中将这块绿石视为护身符，可见其有多么珍贵。

第7章

温泉探险

　　早晨一起来，多多就嚷着身体不舒服，米娜也懒洋洋地赖在被窝里不想起床。路易斯大叔以为他们生病了，可转念一想，今天已经是出来的第七天了，两个小家伙整整玩了六天，也没好好休息，估计是疲倦了。

　　于是，路易斯大叔有了一个既能游玩又能帮助大家缓解疲劳的计划。这个计划就是——泡温泉！来

到罗托鲁瓦，一定要去泡地热温泉。这里的温泉浴有很多种，不同的水中含有不同的矿物质，这些矿物质对治疗一些身体疾病具有非常明显的辅助作用。

"泡温泉？"米娜听完路易斯大叔的想法之后，立刻坐起身来，兴致盎然地说："这个主意非常好，好想去。"米娜拍着手，多多眼睛也放出光来。

在罗托鲁瓦，如果你登高远望，便会发现远处森林地带有一团白雾腾空升起，在绿色的反衬下，显得极为耀眼，那就是波胡图——新西兰最大的地热间歇泉。这座泉坐落在瓦卡雷瓦雷瓦的正南方。泉中所喷射的沸水形成30米高的水柱，喷射没有规律，有时很频繁，几分

钟一次，有时则要相隔数月才喷射一次。一次喷射时间可达40分钟之久。

路易斯大叔一行三人从市中心出发，才走上几分钟，便可以看到热气腾腾的间歇泉了。这里的草地、树林全都被一片神秘的雾气笼罩着。一下车，迎面便扑过来一股浓烈的硫磺气味。

就在大家欣赏这一奇景的时候，突然脚下发出"隆隆"的声响，这可吓坏了米娜。还没等米娜和多多反应过来，就见从地下喷出一股股蒸汽。

"路易斯大叔，这是怎么了？"米娜和多多跑到路易

斯大叔的身边，惊慌地问道。

"别害怕，孩子们！"路易斯大叔拍拍两个孩子的小脑袋，解释说，"这是正常的自然现象。罗托鲁瓦旅游中心选择在湖边建立，它位于陶波火山区中心，这座火山横贯北岛，且极不稳定。所以游客常常能听到脚下大地发出的'隆隆'的响声，并看到一股股蒸汽从地底喷出，但是这并不能对游客产生威胁。"

两个孩子听到路易斯大叔的话后松了口气，问道："那怎么会喷出蒸汽，还有水柱呢？"

路易斯大叔继续说："受深层熔岩的高温影响，地下水被加热成高压蒸汽，形成沸热的水柱，然后间歇泉喷出，其实，这只是一种地热活动，这种现象是很正常的。在很久以前，毛利人把间歇性的地热活动看成神赐给他们的礼物。"

放眼望去，只见街边到处是滚滚的喷泉，跳动的泥浆，还有不停冒烟的地孔。

在罗托鲁瓦周围的地热地区，平静的湖面与溪流上弥漫着蒸汽。耀眼的矽石台地呈现出万花筒般的绚丽。高耸的火山，如同沉睡的巨人，都昭示着当年此地是何等的惊心动魄。罗托鲁瓦的死火山口，现今大都是清澈如水晶般的湖泊。

罗托鲁瓦整个城市就好像是火炉上的水壶一般，随时准备沸腾。据说在18世纪时，很多人从世界各地赶来，就是为了欣赏罗托鲁瓦独特的熔岩台地地貌，那是一种由火山喷发而形成的粉红与白色相间的熔岩地貌，十分壮观。不料1886年，塔拉威拉火山的一次

喷发，将这个美丽的熔岩台地地貌给摧毁了。但罗托鲁瓦作为迷人的度假地的名声却延续下来，长久不衰。

观赏了地热奇观之后，多多和米娜终于如愿以偿地泡上了温泉。这里的温泉价格因享受的服务不同而不同：价格低的只能泡温泉，而价格高的温泉可以看到非常美丽的景色，还可根据自己的喜好选择不同温度的池子。很多人喜欢选择38℃或40℃温度的池水，因为这两个温度接近人的体温，泡起来比较舒服。

"路易斯大叔，这里的自然景观是怎么形成的呢？"重新恢复精神的多多泡着温泉也不忘了提问题。

面对这个问题多多的孩子，路易斯大叔总是非常高兴地解答：

"几千年前，罗托鲁瓦发生了一次火山爆发，这小小的岛屿上便有了现在这些奇特的自然景观。现在人们在这里可以一边尽情享受大自然带来的乐趣，一边惊叹大自然的神奇与造化。"

不知不觉间，多多和米娜也没有那么疲倦了，又有了精神。一边泡着温泉，还一边和路易斯大叔讨论着接下来要去哪里。

间歇泉

间歇泉多出现在火山活动的地区，熔岩会促使周围底层的水温不断升高，有些还会化成水蒸气。当这些水汽进入岩石层中间的缝隙时，便会沿着裂缝缓缓上升。当遇到岩层中的温度下降到汽化点以下的时候，这些水汽又凝结成水，但温度仍然很高。这些凝结的高温度水逐渐聚集起来，加上底层上面的地下水顺着底层裂缝上升到地面，便会间隔一段时间就喷一次，这样就形成了间歇泉。所以，有了适宜的地质构造，再加上充足的地下水源，间歇泉就有可能产生了。

第8章

在毛利文化村迷路了

　　泡了温泉，多多和米娜重新有了精神，刚吃完午餐，便拉着路易斯大叔嚷着不想回酒店，还想继续玩。路易斯大叔看两个孩子的兴致正高，于是答应了他们："那我们今天下午就去学习学习新西兰本土毛利人的生活习俗吧！"路易斯

大叔爽朗地笑了起来。

　　在与地热保护区瓦雷卡瓦雷瓦相邻的罗托鲁瓦市的东南部，有一座座被修缮好后集中起来的古老房屋，这里就是毛利文化村，每年都有大批的游客前来观光旅游。最吸引世界各地游客的是罗托鲁瓦丰富的地热景观，以及浓厚的毛利文化色彩。住在新西兰的土著人便是毛利人，他们是最早居住在新西兰的民族。

　　毛利族璀璨的历史文化聚集在罗托鲁瓦。在这里，来自世界各地的游客可以欣赏到独特的毛利文化，特别是毛利歌舞表演，撼人心魄；还可以欣赏到毛利人风格各异的精美的雕刻，并从中了解毛利人的社会历史、文化状况和风俗传统。

路易斯大叔带着多多和米娜来到了
毛利文化村，刚一进村，多多就指着柱子上的图案笑
个不停。"多多，你笑什么呢？"米娜好像是有些生气了。

　　"米娜你看，这小人儿长得太好笑了！"多多越说笑得越开心。

　　"多多！你这样是不对的！毛利文化村是著名的文化村落，聚集
了毛利文化的所有精髓，你用手指着那些雕刻的图案独自发笑是极其
错误的！你这是对毛利文化的极大的不尊重！"米娜的一番话使多多
瞬间就明白过来了，他立刻收敛了笑容，不好意思地看了一眼路
易斯大叔。

　　路易斯大叔一句话没说，只是微笑着看两

个小家伙，看到多多不好意思地挠了挠后脑勺，便走到多多身边，哈哈大笑了起来："多多，米娜说得很对，尊重是相互的，只有我们去尊重别人，别人才会尊重我们！"多多频频点头，米娜也笑了。

虽然发生了点小插曲，但是并没有影响三个人的游玩。接下来他们参观了毛利人的会议厅，还有住房和贮藏室等早期建筑。还没等全部参观完，俩孩子就嚷着又累又热要找地方乘凉。

无奈，路易斯大叔只能带着两个孩子来到村旁的红木森林纳凉了。好不容易躲避了太阳公公的两个孩子，在这片森林中快乐地追逐打闹起来，没一会儿工夫，竟没了人影。

当两个孩子玩累了的时候，才突然发现自己在森林中迷了路。米娜急得一下哭了起来。

本来又害怕又着急的多多见到米娜哭了起来，反而挺起了胸脯，觉得自己应该像个男子汉一样去保护米娜："米娜别怕，我们一起来想办法！路易斯大叔发现我们不见了也会找我们的！"

两个孩子背靠着背坐在地上苦苦地思索起来，多多扬起小脑袋看了看周围高高大大的树，心里难受起来，忽然一道太阳光晃了多多的眼睛，多多笑了，腾地一下站了起来，高兴地说："米娜，有办法了，你记不记得路易斯大叔曾经教过我们利用太阳和手表辨别方向的办法？"

米娜听后也笑了，摸了摸挂在脸上的泪痕："对呀对呀，我记得呢！把手表平放在手上，让表的时针对着太阳光射来的方向（请注意：太阳光射来的方向与你自身影子的方向是相反的），时针与表上12点的刻度之间形成了一个夹角，将这个夹角进行平分，那条平分线指向的方向就是南方。"

两个人开心地拿出了手表，开始实践他们学到的科学知识。可米娜突然停住了："多多，我们这样做不对！"

多多心生疑问，路易斯大叔教的科学知识怎么可能不对呢？！米娜接着说："路易

斯大叔教我们的时候是在中国！路易斯大叔说过这个方法只适用于北半球，可我们现在在南半球的新西兰啊，这个方法在这里不能用啊。"

多多听完恍然大悟，两个人又一次陷入了沉思中。多多还真像个男子汉，想了一会儿，跟米娜说："米娜，在北半球，可以用时针与12点刻度的平分线来判断南方，那么南半球是不是应该正好相反呢？我们先将12点刻度与太阳光线射来的方向对准，接着把这个刻度和时针之间的那个夹角进行平分，那条平分线所指的方向应该就是正南方，你说对不？"

米娜眨了眨眼睛，感觉多多说的有道理，于是两个人决定先试一试。两个小家伙根据自己的记忆，找到了方向，开始探索着朝前走，谁都没有说话。忽然米娜好像听见了什么："多多，你听，是不是路易斯大叔的声音？"

多多也仔细听了听，声音越来越大了，两个人朝着声音传来的方向快跑了几步，真的是路易斯大叔，只听路易斯大叔奋力地喊着："多多！米娜……"

两个人开心地笑了起来，米娜也高兴地擦着脸上的泪痕。

"路易斯大叔！我们在这里！"

这一次的经历，让两个孩子更加确信了科学知识的实用之处！

红木森林

  红木森林是新西兰著名的森林公园，它依傍在公路的一边，没有大门，也没有栅栏围墙，任何人都可以走进红木森林中欣赏风景，感受大自然。在这里，人们可以随心所欲地呼吸新鲜空气。据说，这些红木来之不易，每一株红木树种，都是从美国加利福尼亚州经过精挑细选采购回来的，然后再通过植物专家们的精心培植，最终才有了这一大片极其珍贵的红木森林。在这片红木树林中，一共有170多个不同材质的红木品种，因为其品种不同，所以它们的形态、大小、粗细也都各不相同，它们就这样在这片树林中展现着各自的风姿。

第9章

吃石头火锅时发生的意外

迷路事件让多多和米娜虚惊一场，稍作休息后，三个人决定去饱餐一顿，经过讨论，大家一致同意去吃地道的石头火锅。

毛利族人在烧煮食物时常常使用地热，在罗托鲁瓦，游客可以品尝到美味地道的石头火锅。先将经过地热烘烫的薄石块放进地洞内，再把食物放在热石块上烤熟，这就是石头火锅，石头火锅的风

味非常独特。

    他们来到了路边的一家小店，因为米娜从小在中国长大，特别喜欢吃豆角，为了来毛利文化村吃到正宗的石头火锅，米娜特意到超市里去买了自己喜欢吃的蔬菜。但是因为这里没有豆角，所以她买了一份像豆角的荷兰豆。

    多多好奇地看着米娜的火锅："这个东西也可以涮着吃啊？"米娜回答道："是啊，只要煮熟了就可以。"

    但是馋嘴的多多却没有听从米娜的话，偷偷地叉走了米娜刚入锅不久的荷兰豆，狼吞虎咽地吃起来，并大呼好吃："香香脆脆的，太好吃了！"

米娜看多多偷吃自己锅里的食物，也去多多的锅里抢了好吃的香肠。就这样，他们的火锅大餐上演成了两个孩子的抢食物大战。

可是没过多久，多多脸色变得苍白，然后就开始呕吐了起来，路易斯大叔见状，急忙抱起多多跑向了最近的医院。

米娜焦急地向医生询问起多多生病的缘由。医生严厉地说道："食用没有煮熟的荷兰豆很容易中毒。经过检查，他正是因为吃了这种食物，才发生了食物中毒。你们以后要记住，荷兰豆一定要煮熟来吃，否则容易中毒，因为荷兰豆中含有大量的叫作皂甙和血球凝集素的物质。而且以后最好不要涮着吃，因为不好判

断它是否熟透了。记住了吗？"米娜和多多都重重地点点头。

医生又转过头看路易斯大叔，严肃地说："你身为一个大人，孩子们不知道，难道你也不知道吗？你应该照顾好他们的饮食！"路易斯大叔像个犯了错的孩子一样，用手挠挠头，边点头边说道："知道了，知道了，以后一定注意。"医生看着路易斯大叔可爱的模样也笑了起来。

在打过点滴之后，多多又恢复了平时活蹦乱跳的样子，三个人向医生道谢后，离开了医院，开始了新的旅程。

荷兰豆

　　荷兰豆是豆科，属攀缘草本植物，一年生或二年生。在荷兰，也被称为"中国豆"。荷兰豆喜欢冷凉、湿润的气候。它的营养价值非常丰富，因为其性平、有甜味，在医药上，具有利小便、解疮毒，及益脾胃、生津止渴的疗效，同时还可以提高机体免疫力。在购买荷兰豆的时候，一定要选择那些扁圆形的荷兰豆，这样的豆才是最成熟的，用手握荷兰豆时，发出咔嚓的响声，说明非常新鲜。

第10章

挖掘属于自己的温泉池

离开了罗托鲁瓦，路易斯大叔带着两个孩子来到了新西兰的一个半岛上，这个半岛叫作科罗曼德尔半岛，是新西兰北岛中东部半岛，伸入南太平洋有110千米。

"路易斯大叔，听说《纳尼亚传奇》是在这里拍摄的，是吗？"多多一边东张西望，一边追在路易斯大叔身后。他紧跟两步，不停地追问着。米娜在一旁也一起追问："它真的是这里拍的吗？多多，我们来玩个游戏吧，就叫寻找纳尼亚传奇！"

"这个主意不错，从现在开始，我们就来寻找一下，在《纳尼亚传奇》中出现的景点吧，看谁找的多哦！"多多拍起手来。

半岛中部是布满了浓密森林的山岭，而两侧则是绵延数千米的非常壮丽的海岸线。西岸是一望无际的海滩、海湾和港口。

"路易斯大叔，那边成排的树是什么树？还开着花儿呢！"米娜

突然像发现了新大陆一般，直奔那些树去了。

　　"走，我们过去看看！"多多和路易斯大叔也来到了树下面，看着满树的小花儿，路易斯大叔说，"这种树名叫波胡卡图卡瓦树，是一种长得极高大的树种，一般生长在沿海地区，在新西兰，人们把它作为独特的圣诞树，它也是新西兰国树。每年12月份，波胡卡图卡瓦树会开出鲜红的花朵，十分漂亮。"

　　一朵朵毛茸茸绽放的小花，红红的，锦簇地盛开在科罗曼德尔半岛大街小巷，用它独特的方式诠释着新西兰的圣诞节。

　　"别光顾着看这些小花儿了，你们俩找到景点了吗？我可是看到了一处呢！"路易斯大叔顽皮地眨眨眼睛，对两个小家伙说。

　　"呀，差点忘记了，路易斯大叔你别告诉我们！米娜，咱俩比赛，看谁先看到！"多多的游戏精神被路易斯大叔的一句话就提了起来。

　　在多多和米娜的共同努力下，他们

发现了《纳尼亚传奇》中出现的"拱门"。

"多多，是这里！"米娜突然指着一处快乐地喊着。多多眨了两下眼睛，好像突然发现了什么一样，说："《在纳尼亚传奇》中，王子遭到迫害，他从城堡中逃了出来，一路向森林逃去，后面的追兵紧追不舍。眼看就要被捉住了，他立即吹响了魔法号角，召唤出四兄妹。瞬间，地铁站立即变成了一个通透的侵蚀洞，十分巨大。这个深洞如一座天然拱门在海边屹立着。米娜，这不就是那个拱门吗？"

"没错，正是那个拱门！这是科罗曼德尔半岛著名的景点之一。因为它样式独特，庄严肃穆，所以也被称为'大教堂'。"路易斯大叔看到两

个小家伙终于找到了一处，开心地说，"这片被称为'哈黑'的海滩上，种着许多波胡卡图卡瓦树，就是我们刚才看见的那些长着小红花的大树！"

"这里可真美！难怪会选择在这里拍摄电影呢！"米娜拍着小手开心地说着。话音刚落，只听多多大声喊道："路易斯大叔，你看那边，是一艘大船吗？"

"多多，你看错了，那怎么可能是大船啊？只有船头！"米娜纠正多多。

　　"哈哈，那是一块被称为'蒂胡胡'的巨大砾岩，如锥形尖角一样。经过几个世纪，它被大风和海浪精心雕琢成为现在的样子，它看起来就像一艘航船的船头，正向我们驶来。"路易斯大叔被两个孩子逗笑了。

　　"啊，原来是这样啊，哈哈，是我看错了，大自然可真厉害啊，竟雕琢得这么像！"多多挠挠后脑勺，不好意思地笑了笑，又拉起米娜的手，继续寻找《纳尼亚传奇》的影子。

找来找去没找到下一处，两个孩子倒开始自己挖掘景点了。只见两个人手牵手边玩边找，当走到那块锥形尖角砾岩时，他们发现了一件非常奇怪的事！

只见从岩石间的缝隙处冒出一股股温度极高的热水，这可让多多和米娜感觉到非常惊奇，于是两人也不再寻找《纳尼亚传奇》中的景点了，而是蹲下来研究那些热水。

"孩子们，你们看什么呢？"路易斯大叔觉得奇怪，也蹲下来看他们两个到底在看什么。

　　"路易斯大叔，你看，这里竟然有热水！为什么呢？"米娜指着那股热水对路易斯大叔说。

　　"你们还记得罗托鲁瓦的温泉吗？"路易斯大叔没有直接回答孩子们的问题，而是又提出了一个问题。

　　"当然记得，泡得可舒服了！哈哈！"多多一想起温泉，就露出美滋滋的样子。

　　"你们今天可以再泡上一次温泉，还可以亲自为自己挖掘出一个属于自己的温泉池哦！"路易斯大叔神秘地说。

　　两个孩子一听，寻找《纳尼亚传奇》的游戏早就被抛到了脑后，自制温泉池更能引起他俩的注意力。

　　路易斯大叔继续说："由火山活动而产生的大量地下热水，从岩石间的缝隙里缓缓冒出。冒出的热水中含有多种矿物质，如钙、镁、钾、氖、矽等，这些矿物质对人的身体都是极有好处的。在新西兰，有很多温泉，但这种可以由自己挖掘温泉的海滩却是十分罕见的……"

还没等路易斯大叔说完，两个小家伙已经等不及了，跑到沙滩，选择好位置后，就找来铲子开始了他们的新活动——挖掘出一个属于自己的温泉池。

没一会儿，两个人就将自己挖好的温泉池给路易斯大叔看，路易斯大叔看后皱着眉头说："多多，你的温泉池里的温泉水在哪里？"说完扭头看了看米娜的，又皱了皱眉头，"米娜，你这个是有水，但是水温这么高，你敢进去吗？"

两个孩子听了路易斯大叔的一番话，似乎明白了什么，于是非常虔诚地看着路易斯大叔说："路易斯大叔，嘿嘿，我们刚才听您说完就不会是这样的结果了！"

路易斯大叔哈哈一笑，告诉他们："挖掘温泉并不是一件容易的事，挖掘的过程和方法十分讲究。到温泉海滩

前，首先要弄清楚当地的潮汐时间，海水最低潮前后约1.5小时是泡温泉的最佳时间。虽说是温泉海滩，但也不是每处都能挖出温泉的。要做到不浪费精力，应该先试一试。等找到了温泉后，再动手开挖。你可以选择靠近海边的位置来挖，这样就可以极方便地利用海水来调节水温。否则，要降温就必须用水桶去提海水了，懂了吗？"

听完路易斯大叔的话，在三个人共同的努力下，他们挖出了属于自己的温泉池。一边泡着免费的自制天然温泉，一边欣赏南太平洋的美丽海景，这可是世界上绝无仅有的一种乐趣。而多多和米娜在此时此刻，更是不记得《纳尼亚传奇》的事儿了。

矿物质

　　矿物质，又被叫作无机盐，是人体内无机物的总称。和维生素一样，矿物质也是人体内不可缺少的元素。人体内的矿物质不能自身生产与合成，人体内所必需的矿物质有50多种，但是这么多的矿物质只占人体体重的4%，可这4%却是不可小觑的，这是人体内必需的组成部分。这些矿物质在人体内的含量是不同的。它们在人体内的元素可分为常量元素和微量元素，无论是常量元素还是微量元素，在体内都是有一定量的，多了不行，少了也不行！

第11章

建筑的美妙之处

今天，路易斯大叔带着多多和米娜来到了新西兰的首都——惠灵顿。惠灵顿所处的地理位置非常好，在北岛的最南面，城市就在港口和小山之间。市区有三面靠着山，有一面靠海，同时，还拥有尼科尔逊这条港湾。尼科尔逊港湾是一处最佳的天然港湾。这里不仅是连接

南北二岛的交通要道，也是世界上最佳的深水港之一。

　　"米娜，你看这像什么？"多多拿着惠灵顿的地图，边用手指在地图上比划着，边问米娜。

　　米娜看了看多多手中的地图，陷入沉思。路易斯大叔也被多多的话吸引了，认真地看着地图。结果路易斯大叔笑着说："原来你俩在研究惠灵顿的轮廓像什么啊，不记得了吗？我们昨晚还在杂志上看到过呢。"

在路易斯大叔的提醒下，米娜立即跳起来："是古罗马的圆形剧场！"

"对对，就是那个剧场！"多多恍然大悟地手舞足蹈起来。

在地图上，惠灵顿的轮廓看起来就像古罗马的圆形剧场。

在海洋性气候的影响下，惠灵顿天气和暖，阳光充沛，四季如春，是南太平洋地区著名的旅游胜地。然而，惠灵顿不仅仅因为其景色优美而备受广大游客关注，那些独具特色的建筑也是吸引游客的一部分因素。"建筑物是最能体现城市性格的。"这句话说得一点儿都不假。来到惠灵顿，要探访的首先必定是惠灵顿标志性建筑——新西兰国会大厦。

"多多，你是不是说过喜欢有特色的建筑物？"

"对呀，我还知道好多种建筑风格呢，比如有的建筑是哥特式

的，有的是巴洛克的，有的按洛可可建筑风格建造，有的是木条式的建筑风格，还有园林风格，等等。"多多自豪地说。

"多多说得非常好，今天我就带你们去欣赏惠灵顿的特色建筑，保证你们喜欢！"说话间，他们来到了新西兰国会大厦。

"哇，像个蜂窝！"米娜忍不住说。

"没错，这就是新西兰国会大厦，这座大厦建成于1876年，按照意大利风格进行设计，这种蜂窝式建筑是南太平洋最宏伟的也是最别具特色的木结构建筑之一。"路易斯大叔抬头看着整座大厦，慢条斯理地说，"在新西兰，在国会大厦附近，人们可以自由地走动，如果你想进入国会大厦的翼楼参观，随时可以进去，而且是免费的。"

"那我们快进去看看吧！"心急的多多说话间已经拉着米娜走了进去。

　　整体看来，新西兰国会大厦由3个部分组成：中间一部分是国会大厦；一侧是行政翼楼和蜂箱部分；另一侧则是国会图书馆。

　　"这个国会图书馆看起来好像哥特式风格啊！"一向喜欢研究建筑风格的多多，发现了国会图书馆这个特点，对于年纪小小的他来说，是一件非常不容易的事呢！

　　"没错，这座国会大厦共有3个部分，它们都非常有特点，图书馆是哥特式风格，议政厅是英国文艺复兴式的，办公大楼为圆

形设计。别
看这些建筑风
格迥然不同，但
是组合在一起就变
得奇妙了，既各具特色，
又相辅相成，成为一个整体，
令人感叹啊！"路易斯大叔自顾自地感慨
着，却没有注意到已经半天没有说话的米娜。

　　"米娜，你想什么呢？"多多终于发现
了正在沉思的米娜。

　　"我在想这个大蜂窝呢！看着好奇怪，
但又觉得好看！"米娜一边想着一边说着，

"能想到模仿蜂窝来创建房子的人，好聪明啊！"

"是啊，蜂巢得名的由来是因为它的外表建筑形态，因为这个建筑特别像蜂箱，这座建筑是由英国的建筑师巴斯·斯彭斯设计的，据说巴斯先生产生最初的灵感时，将这一灵感临时画在一张餐巾纸上。

这个蜂巢有72米高，它分为上下两层，共有14层呢。它的墙板使用不锈钢丝网，天花板上的材料用半透明的玻璃建成。蜂窝建筑与其他建筑比较，无论是在设计思想、建造结构上，还是在时间作用、材料选择上，都具有无与伦比的优越性。"路易斯大叔感叹道。

"路易斯大叔，惠灵顿还有些古建筑吧？"多多看了国会大厦不满足，还想要看更多的建筑。

"当然有啊，旧圣保罗教堂啊，我们现在出发？"

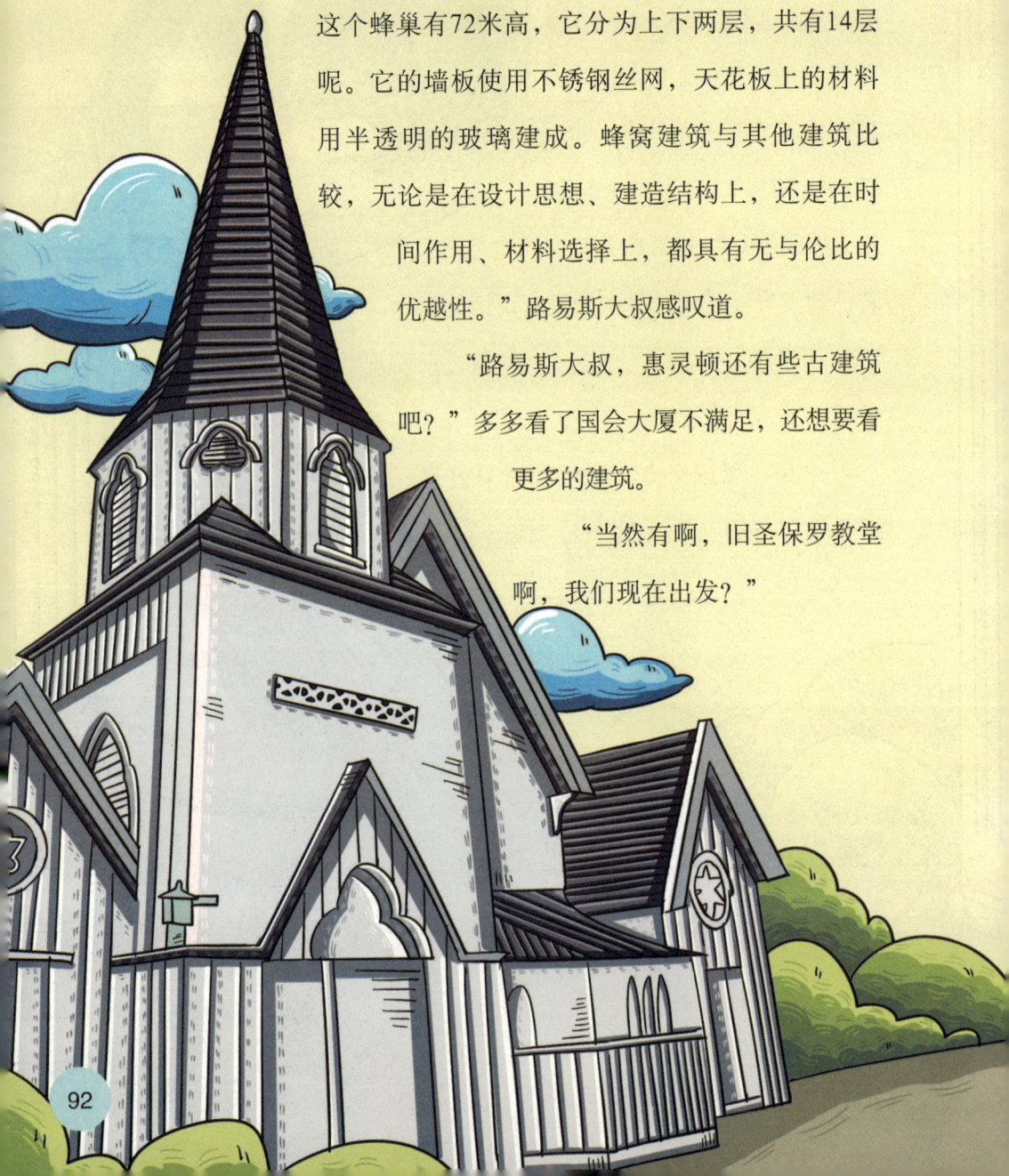

"太好了！米娜，我们出发啦！"多多开心地拉着米娜就往外跑。

路易斯大叔又带着两个孩子来到了旧圣保罗教堂。这座教堂属于典型的19世纪哥特复兴式建筑风格，从建筑材质与建造风格上来看，都与当时的殖民背景相关。这座建筑面积不大，但那些拱形的廊柱、祭坛，还有彩色玻璃都具有单纯而质朴的特性，给人以美感，并形成一种独特的静穆气氛。

"这里就是旧圣保罗教堂啊，看起来好庄重啊！"米娜感慨着。

"米娜，你看那些彩色的玻璃窗，阳光一照，好漂亮啊！"多多也同样感慨着。教堂的屋顶设计好像是按照伊丽莎白女王所乘

坐的大型帆船的船底设计的，有很多面形式各异的旗帜，放在教堂的中央，这些旗帜是在第二次世界大战爆发后送到这里来的，有新西兰商船旗、英国皇家海军旗和美国海军陆战队第二分区的旗帜。"路易斯大叔又开始耐心地给两个孩子讲关于教堂的事情，"1964年，新西兰建了新教堂，旧教堂就由国家管理，而且还对公众开放。游人在周一至周六进入教堂内部参观。现在，旧圣保罗教堂虽然不再作为教区教堂来使用，但这座教堂在新西兰人民心中依然是神圣的，因为它有着根深蒂固的历史文化背景。目前，不仅游客把这里作为景点，当地居民还把它作为举办出殡、婚礼等重要仪式的地方。"

看了国会大厦，又看了旧圣保罗教堂，今天的游玩让多多开心极了，因为他太喜欢研究建筑了。

哥特式建筑

哥特式建筑于哥特复兴时期兴起，起源于日耳曼部族。最早反映的是贵族奢侈糜烂的生活，建筑上用各种各样极尽奢华的小装饰品来装饰，打造出极为华丽的建筑物。哥特式建筑一般在教堂或大修道院出现，同时，有些城堡、宫殿、会馆或大学也采用这种结构。高耸、消瘦是哥特式建筑风格最主要的特点，这种已非常高超的建筑技艺体现了神秘、崇高等情感色彩。哥特式建筑采用宗教的笔法，将现实主义特色展现得淋漓尽致，甚至运用了夸张的手法，将贵族的生活刻画得栩栩如生。非常著名的哥特式建筑风格的代表建筑有很多，比如，巴黎圣母院、意大利米兰大教堂、德国科隆大教堂等等。

第12章

大花园

伴着和煦的阳光，路易斯大叔带着米娜和多多来到了奥塔里植物园。奥塔里植物园位于新西兰首都惠灵顿市的一座山岭上，山岭呈V字形，植物园占地26公顷。惠灵顿有众多美丽的植物园，奥塔里植物园便是其中之

一。这里的植物品种繁多，新西兰最大的特有植物培植地就设在这里。

他们三人漫步在花木丛中，时不时地可以看见蜜雀、扇尾鸽等新西兰特有的鸟类悠闲飞过的身影。

奥塔里植物园是一座国际性的花园，在这里几乎能看到全世界的名花名草，比如中国的山茶花，白的、红的、粉的，各种各样；巴西的珊瑚树，真的长得和海中的珊瑚一样呢；澳大利亚的毛榉，枝叶繁茂；法国的月季，争奇斗艳；非洲的雪松，傲然挺立；荷兰的郁金香，芬芳四溢，还有各种颜色的日本樱花……不过，在植物园内，数量最多的植物还是新西兰

本国的松树、柏树、榆树、柳树等。正因为植物园内有着这么多不同种类的花草树木，它们的生长周期又都不一样，所以不管什么时候来植物园，植物园里都是四季常绿，花团锦簇。在植物园的山岭和山谷里更是鲜花怒放，让人惊叹！

一走进奥塔里植物园，就像处于满是绿色的神奇大自然之中。不管是山坡、草地，还是高大的松柏，全都是绿色的，让人看了不禁心情愉悦。走进那蜿蜒的小路，更是绿意盎然，抬头就能看到高大树木的树冠遮蔽了天空，两旁的路上也种着各种植物，在山谷之中还有溪水缓缓流过，真是美

不胜收。

因为惠灵顿一年四季的温差变化比较小，所以植物园中的树木终年常绿。当然，这些树木也会掉叶子的，但这种树的叶子掉了，其他种类树的叶子却是绿的，所以不用担心冬天来植物园游玩，会看到树木光秃秃的景象。植物园的绿色也并不单调，既有松柏的苍绿、柳叶刚长出来的浅绿、棕榈树的浓绿，还有玉兰的翠绿、草地的嫩绿，每一种绿色都带给人一种心旷神怡的感受。

植物园里的花更是

吸引人的眼球，月季、山茶、串红、金盏簇拥着开放，向游人们展示着自己最美的身姿。在植物园的小路上，还有一些奇特的花，有的花长得像小盒子一样，一朵小花从盒子里独独立着，有意思极了；还有的长得像蓝色的铃铛，风一吹过，花朵彼此碰撞，就像演奏乐曲的乐器，还有的花的形状和叶子长得一样，如果不是它的叶子是绿色的，人们还以为它就是叶子呢！

当然，在奥塔里植物园中，开得最盛的要数玫瑰。奥塔里植物园中至少种着500多种玫瑰，盛开时间可持续8个月左右，尤其到了玫瑰盛开的季节，各种颜色的玫瑰一起怒放，让人目不暇接。而开得最美的花是郁金香，大概有10多个品种。当春天来临，郁金香盛开，许多游人都会慕名而来，也是植物园中最热闹的时候。

三个人正沉迷于这美丽

的景色时，有一只可爱的小蜜蜂落在了多多的脖子上，多多刚要用手
打，就被米娜大声地制止住了，米娜走到多多身边，用随身带着的小
本子，冲着多多的脖子上扇了几下，小蜜蜂就飞走了。多多疑惑地看
着米娜问道："米娜，为什么不让我用手打掉它？"

米娜说道："你别看这小蜜蜂小小的，它的腹末藏有螫针，如果
它感觉到有危险，就会露出那根针蛰你，到时候你可就惨了哦，又痒
又疼，你肯定会哭的。而且，它的针是连着它的内脏的，如果蛰了你
一下，它也会因将内脏带出而死亡的。"看到多多点头，米娜继续说
道，"再说了，蜜蜂是最勤劳的动物哦，辛勤地采着花蜜，我们平时
喝的蜂蜜可都是它们的功劳呢。"

听完米娜的话后，多多点头表示赞同。看着这两个小大人，路易
斯叔叔开心地笑了起来。他们继续向前走着，非常兴奋地欣赏着各种
奇异的植物。

第13章

库克山国家公园

"路易斯大叔，我们今天想看小动物！"多多吃过早餐就和米娜在电脑前窃窃私语了很久。最终，两个孩子站在路易斯大叔面前异口同声地说要看小动物。

路易斯大叔想了想，但还没等他张口说话，多多就说："我们都想好去哪儿了，库克山国家公园！"

　　"你们两个精灵鬼，一早晨对我不理不睬的，就是研究今天要去哪儿了是吗？"路易斯大叔说完，便背起背包准备出发了。

　　库克山公园是国家公园，于1942年建立，公园面积达到22656公顷。它从塔斯曼湾海滩向内陆一直延伸了大约10千米，连接到纳尔逊市西北约80千米处。这座公园的面积很大，位于黄金湾中的塔塔岛，塔斯曼湾中的东加、阿德尔及渔人岛都属于这座公园。

多多和米娜带着这些在网上查的信息，想要今天在路易斯大叔面前一展身手。

"路易斯大叔，今天我来考考你吧！"多多胸有成竹地认为今天可以考倒路易斯大叔呢。"好啊，你们要怎么考我啊？"路易斯大叔高兴地答应着。

"路易斯大叔，你说库克山国家公园因什么而著名呢？"米娜首先问道。

"哈哈，这你可难不倒我啊，这座公园是新西兰最具特色的公园，山坡上生长着北岛和南岛的各种植物，这种现象在别的地方是不可能存在的。公园中有各种各样的鸟类，如海燕、企鹅、鸥、燕鸥、苍鹭等；还有众多野生动物，如鹿、山羊和野猪等。游客来到这里，有很多休闲的方式，可以垂钓、捡拾贝壳，可以驾驶帆船、划船、游泳，还可以爬山和打猎等。并且，我知道这个国家公园因荷兰探险家阿贝尔·塔斯曼而得名。他在1642年，第一次来到这里游览。这座公园是新西兰最小的国家公园，却令游客十分放松，还可进行冒险。"

路易斯大叔一口气说了一大堆，让多多和米娜目瞪口呆，因为路易斯大叔说的比他们知道的还要多很多呢。于是两个孩子乖乖地坐回自己的位置继续欣赏路边的风景了。

到了公园，感受了日光浴，游泳，还有绕着露出海面的奇特的花岗岩潜水，之后，在两个孩子一再央求下，三个人找了个地

方玩起了游戏。正当他们玩得开心时，从远处传来了此起彼伏的欢呼声，循着声音看过去，那里聚集了好多的人，还有好多没见过的动物。

多多再也玩不下去游戏了，拔腿就跑去凑热闹了，路易斯大叔急忙拉起米娜跟着跑了过去，原来这里正在举办一场动物知识智力问答。只见主持人在台上眉飞色舞地讲着游戏规则，有一条非常吸引多多和米娜，那就是回答对了就可以和野生动物亲密接触，并免费合影留念。

喜欢小动物的多多和米娜怎能错过这么精彩的活动，于是，两个人争先恐后地挤上前去，好不容易抢到了参加活动的机会，被邀请上台的多多和米娜既兴奋又紧张。

问答开始了，只听主持人问第一个问题："第一题是关于企鹅的，请问企鹅下蛋的月份以及企鹅爸爸妈妈的分工分别是什么。"

多多眼睛滴溜溜地直转，拿着麦克风大声说："企鹅下蛋一般是在5月份，妈妈下完蛋后就去找吃的东西了，孵蛋的工作就由爸爸来负责。"话音刚落，台下

观众掌声一片，路易斯大叔露出了开心的笑容。

主持人转向米娜开始问第二题："这是一道关于熊猫的题，中国有一只明星熊猫，叫作嘟嘟，它现在多大了，相当于人类的多少岁？"这问题难倒了多多，所以他非常担心米娜也不会。结果米娜非常自豪地说："我是个中国女孩，大熊猫可是我们中国的国宝！嘟嘟现在已经36岁了，因为人类的寿命是大熊猫的3倍，按照这样计算，它相当于人类的108岁！"米娜回答完问题，台下更是一片掌声和赞扬声，多多开心地向米娜竖了竖大拇指。

多多和米娜都回答正确了，他们如愿以偿地和小动物们进行了一系列亲密活动，并免费拍了照片留念！

库克山国家公园内有1/3的地区常年积雪，公园内山峰起伏连绵，气势磅礴，蔚为壮观。这里的山峰海拔都比较高，海拔3000米以上的山峰共有15座，海拔2000米以上的山峰则更多，有140座呢。其中库克山雄踞中间，海拔3764米。它是新西兰的最高峰，相对高度超过3000米，享有"新西兰屋脊"和"南半球的阿尔卑斯山"

之称。毛利人把这座山叫作"奥伦基山"，意思是"破云山"。

"多多，说说你对库克山国家公园的了解吧！昨天晚上不是看了好久嘛。"路易斯大叔说。

只见多多赶忙从裤兜里掏出了一张纸，然后高声读起来："库克山国家公园里面地质形态多种多样，有雪山、冰川、河流、湖泊……同时，还有许多动物和高原植被在这里生存。这里，给游人带来了前所未有的体验。库克山屹立在群峰之中，终年被冰雪覆盖。在群山的谷地中，隐藏着很多条冰川。冰蚀湖呈深赭石色，雨水湖碧波荡漾，青山绿水，无限风光。群山中有条最大的冰河，它

属于塔斯曼冰河，总长有29千米，有2千米宽，600米深，是喜马拉雅山脉以外最大的冰川之一。它每天以23到45厘米不等的速度在缓慢下滑，但人们却感觉不到。我们看到冰川表面有无数的裂缝和冰塔，这是因为冰川内部在移动的时候，会带着山体上的碎石一起向下运动，再加上阳光的照射，便形成了如此千姿百态、耀眼夺目的景观。"

读完这一长段，多多赶紧将纸条收起来，然后挠着后脑勺不好意思地看着路易斯大叔笑。

"多多，你读得太多了！"米娜不屑地看了多多一眼，"路易斯大叔，我也知道库克山国家公园内有冰

河、陡壁，有温泉、山林，还有各种野生动物，形态各异，物种丰富。"

路易斯大叔大笑着说："不管你们是读的还是说的，都没错。你们再说说公园都被哪几种植被所覆盖？"

"这个我知道，这里有2/3的地方生长着南部的山毛榉树和罗汉松，并且，其中还有一些长寿树，它们有800岁呢。"多多抢着回答。

"这里不仅生长着各种植被，还生活着大量的

动物呢！这里生活着世界仅有的大鹦鹉——高山鹦鹉和啄羊鹦鹉，除此以外，还有一种体形虽然庞大，却不会飞的鸟，叫南秧鸟，这种鸟也已到了濒临灭绝的境地。"米娜也不甘示弱，就这样，两个孩子争先恐后地为路易斯大叔介绍起了库克山国家公园。

新西兰西南部是全世界地震活动最为频繁的地区之一，这是因为它正处在东部太平洋板块和西部印度-澳大利亚板块之间的交接地带。在过去的500万年中，构造活动使得这里形成了很多山脉。

在1.5亿年前，这片群山还是沉在海底中的一块地，随着1亿年后的造山运动，这块地逐渐地浮出水面，成了今天我们所看到的这种群峰竞高的局面。1991年12月的一次雪崩，让库克山矮了10米，山的东缘形成了一道7千米长、3千米宽的凹疤，这可是重达几百万吨的冰块夹杂落石，一举滚落下方的冰河中形成的。

一行三人来到了公园之后，品尝了新鲜的三文鱼。吃饱喝足之后，活泼好动的多多和米娜不停地嚷着想要滑雪。

两个孩子摔打嬉笑地玩了一会儿以后，路易斯大叔向两个孩子问道："你们这么喜欢滑雪，你们知道滑雪这项运动的起源吗？"

一向爱表现的多多又争抢答道："我知道，我知道，滑雪起源于挪威与瑞典等地区，在4500年前就有了！"面对多多充满自信的答案，路易斯大叔和米娜都微笑着摇了摇头。

这时米娜说道："其实滑雪起源于中国。"对于多多质疑的小眼神，米娜继续说道，"在2006年1月16日，有许多滑雪、考古、历史界的相关专家，他们经过考察研究，认为世界滑雪的起源地在中国新疆的阿

勒泰地区。"

路易斯大叔接着米娜的话，继续说："将阿勒泰地区认定为世界滑雪起源地的原因有四个方面：一是有关滑雪的一切自然与人类活动的基本条件在阿勒泰地区都具备；二是史料与专家的研究表明，人类的滑雪活动最早是在阿勒泰地区，后来才逐渐发展到斯堪的纳维亚、阿拉斯加等地；三是对敦德布拉克岩画的研究发现，岩画中人物滑雪的图像，证明早在10000年前左右，古阿勒泰人就有滑雪活动；四是现在阿勒泰居民的一些古老传统，如脚踏自制的'毛滑雪板'、手持单支木杆在雪地里滑行等活动，也证明这里是滑雪起源地。"

对于米娜和路易斯大叔的回答，多多除了频频点头，只剩下开心，因为自己又学到了自己不知道的知识。

终于，路易斯大叔带着两个孩子滑雪去了！

第14章

巨大的瓜果

这一天，阳光明媚，路易斯大叔面带微笑，对两个孩子说道："走吧孩子们，今天我带你们去看看世界上最巨大的瓜果。"听罢，两个孩子的眼睛都瞪得大大的，充满着好奇与期待。多多拉着路易斯大叔刨根问底。路易斯大叔依旧只是微笑，不肯透露半句。孩子们只好乖乖地压着自己的好奇，跟着路易斯大叔上路了。

他们一行人从奥

塔哥半岛出发，向北而行，

一路欣赏着大自然的绮丽风光，看到了很多很多可爱奇怪的野生动物。不知不觉中，他们就到达了目的地——奥玛鲁。

他们走进了一片树林，树木茂盛，鸟语花香，真的是一个天然的大氧吧，令人心旷神怡。三个人都微微地闭上双眼，感觉身上每个细胞都在贪婪地呼吸，享受着大自然的恩赐。

回过神来的多多好奇地问道："路易斯大叔，为什么这里的树木长得格外茂盛呢？"

"因为这里的原生树林是重新栽种啊，重新栽种后，自然就长得

格外茂盛了。"路易斯大叔刻意加重了"原生"这两个字的发音回答道。

多多又接着问道："我经常在电视上或者书里看到'原生'这个词，那这个'原生'到底是什么啊？是吃的吗？"

"哈哈哈哈……"米娜听到多多的话，笑得把喝在嘴里的水都喷了出来，她神气地说道，"我来告诉你吧，'原生'呢，其实就是个形容词，它是用来形容某个东西本来就应该是这个样子，或者是本来就应该属于这个地方的意思，比如形容某种食品，就说明这个食品是绿色的，没有任何添加剂的意思，明白了吗？"

"哦，原来如此。"多多假装捋了捋下巴上的胡子，像个老气横秋的学者一样点了点头道，逗得路易斯大叔和米娜哈哈大笑。可是这时，路易斯大叔却叹了口气，自言自语道："像现在这样的原生树林，世界上不是很多了。"望着路易斯大叔眼神里一闪而过的哀伤，孩子们都默不作声了，若有所思，安静地跟着路易斯大叔继续向前走。

穿过了这片树林，他们来到了奥玛鲁海滩的一处观赏台上，散落在海岸边上的一片巨大的圆石映入眼帘，有些已经开裂，露出里面的网状结构，就像水果一样。这么奇异的景象让两个孩子目瞪口呆。路易斯大叔微微笑道："孩子们，看，这就是世界上最巨大的瓜果——摩拉基大圆石，我早上提到过的。"

震惊过后，可爱的米娜歪着头问道："路易斯大叔，这些像水果的石头是怎么形成的呢？好神奇哦！"

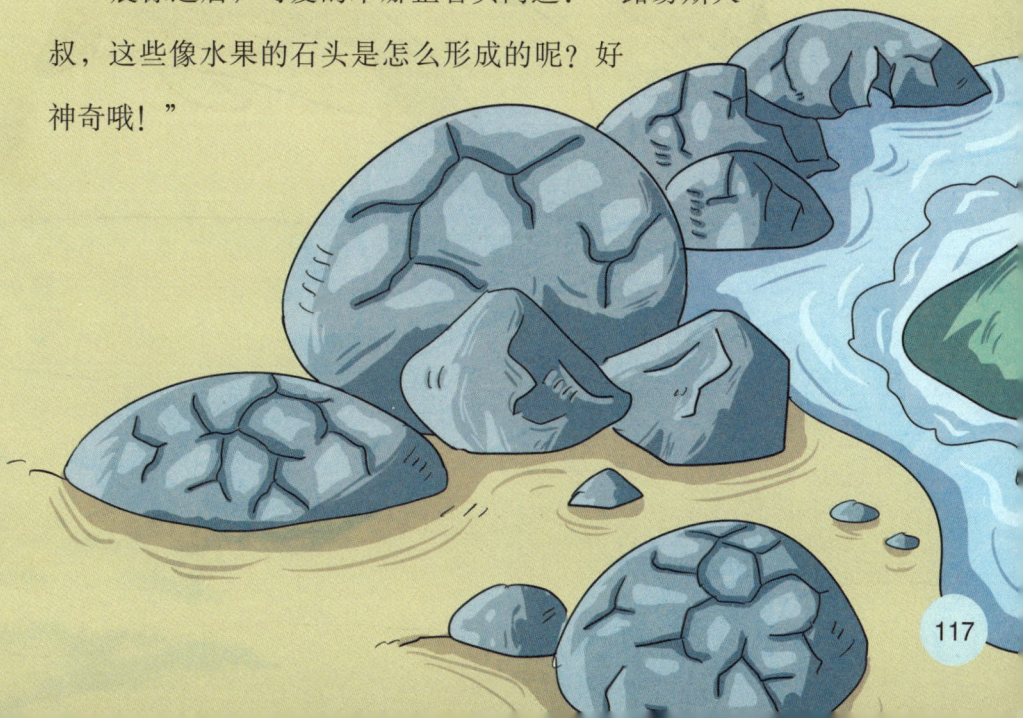

路易斯大叔正要回答，活泼的多多一看有了表现的机会，马上喊道："我知道，我知道！"之后，他又像个学者一样，背着手说道："据毛利人讲，传说很久很久以前，航海大战时有一艘独木舟，叫作'阿雷德欧鲁'号，它在这个岸边出了事故，船上的水果洒落在了岸边，经过很多年的风吹日晒，就变成了现在的样子了。"多多回答完，又假装捋了捋下巴上的胡子，得意地看着米娜和路易斯大叔。

可是，米娜却追问道："不对不对，那这些水果怎么可能会这么大呢？"这下子可把多多问住了，万般无奈下，他只好向路易斯大叔投去了求救的眼神。

路易斯大叔微笑着，摸了摸多多的头说道："孩子，你说的那只是传说，是流传下来的故事，其实这些石头，都是大自然的产物。这些石头中含有丰富的会结晶的钙，还有沉积在海底的碳酸盐微粒，形成沉积泥，经过几千年、几万年，甚至数百万年的风化，慢慢地就形成了眼前的圆石。每当海水退潮时，就会有很多圆圆的大石头露出了海面……"

正在听路易斯大叔讲解的孩子们的目光突然被什么东西吸引住了："看呀，是海豚，真可爱！"

"路易斯大叔，快看，是海豚。"

路易斯大叔对他俩说道："嗯，是海豚，你们可真幸运。"多多正在兴高采烈地眺望着，而心思细腻的米娜却在心里琢磨着路易斯大叔的话：他为什么说我们幸运呢？

这时，多多露出了男孩子贪玩的本性，冲着米娜喊道："我们来玩海盗的游戏吧，我是《加勒比海盗》里'黑珍珠号'的船长杰克，水手们，扬帆起航……不好！前方发现敌船，开炮！"说着，便随手把喝完了的易拉罐向米娜扔了过去。

两个孩子正玩得开心，这时，路易斯大叔却露出了不悦的表情。多多挠挠头，想着自己是不是犯了什么错误，小心翼翼地问道："路易斯大叔，你怎么了，是我做错什么事了吗？"

路易斯大叔慢慢地说道："孩子们，还记得刚才你们看到海豚的时候，我说你们真幸运吗？"两个孩子点了点头。路易斯大叔接着说："因为人类的破坏

和大自然自身的原因，现在环境遭受严重的污染，原本是经常可以看到的那些可爱的动物，现在只能偶尔看到了，有的甚至永远也看不到了。如果我们不能从自我做起，好好地维护我们的家园，现在偶尔能看到的动物，也许以后都无法见到了……"

听了路易斯大叔的话，多多恍然大悟，转身跑了过去，把刚才当作炮弹的易拉罐捡了回来，放进了自己的背包。看到多多的行为，路易斯大叔露出了会心的微笑……

心里充满着新奇、兴奋与快乐的孩子们又满足地度过了一天。他们在想：明天将会有什么在等待着自己呢……

第二天，米娜和多多还沉浸在他们的梦乡中，就被路易斯大叔叫醒了。他们睁眼一看，路易斯大叔正在整理东西。多多揉揉眼睛，问道："路易斯大叔，你在做什么？我们今天又要去探险吗？"

路易斯大叔一边收拾一边笑着说："探险，就等下次再说吧！我们今天该启程回去了！"

"啊？我还没有玩够呢？怎么这么快就要回去了呀？"米娜带着失望的语气说道。

多多也赞同地点点头。

"孩子们，我们来这儿有一段时间了，你们也要开学了！"

两个孩子听了路易斯大叔的话，才猛然想起来，还有十几天就开学了。

米娜和多多赶紧起床和路易斯大叔一起收拾起来。没多久，他们就坐上了返程的飞机。尽管他们有些不舍，但好在这次旅行让他们学到了很多知识……